AF509876

CHANSONS

INÉDITES

D'ÉMILE DEBRAUX.

CHANSONS

GAILLARDES ET POLITIQUES

D'ÉMILE DEBRAUX.

***

BRUXELLES.

A LA LIBRAIRIE PARISIENNE.

1830.

CHANSONS

D'ÉMILE DEBRAUX.

CONSEILS A UN AMI.

Air : En attendant.

Ecoute moi, si pour une cruelle
Le dieu d'amour de ses traits t'aveugla,
Sur le gazon fais reposer ta belle,
Et par tes pleurs, mon cher, ébranle-la
  Ebranle-la.

Rappelle-toi le noble fils d'Alcmene,
Nouveau Samson près de sa Dalila ;
Amant d'Omphale, au pied de cette belle
Il prit du lin, et puis il en fila,
  Il en fila.

Quand tu verras sa paupière mi-close
Trahir l'Amour qui souvent l'aveugla,
L'épine encor te défendra la rose ;
Mais ne crains rien de cette épine-là,
  Epine-là.

Je vois déjà sa main qui te caresse,
Heureux mortel ah! quand tu seras là

D'aimer toujours s'il te fait la promesse,
Fais lui, mon cher, et surtout remplis-la,
Et remplis la

TIREZ LA FICELLE, MA FEMME.

Air Nous nous marîrons dimanche.

Las d'offrir les sons
Des mêmes chansons
Trois ou quatr' fois par quinzaine,
J'suivais sur un quai,
Comme un efflanqué,
Le rivag' bourbeux d'la Seine,
D'un nouveau chant
Toujours cherchant
L'programme ;
Par mille efforts
J'm'abîmais l'corps
Et l'âme :
Heureus'ment, ma foi,
Qu'l'on chanta près d'mo. }
Tirez la ficelle, ma femme

Entrez, regardans ;
C'est ici dedans
Qu'à vos yeux on représente
Des sots, des pédans,
Des vieux prétendans
L'imag' grotesque et plaisante ;
Grand chicaneur
Qui sur l'honneur

Déclame,
Juge indulgent
Que l'son d'l'argent
Enflamme,
Maint époux parfait,
Et qu'pourtant on fait..
Tirez la ficell', ma femme !

Voyez l'air pat'lin,
Le regard câlin
De nos vendeurs d'indulgence ;
Voyez nos prélats
Avec d'grands éclats
Prêchant jeûne et continence ;
Du feu divin
Cherchant en vain
La flamme,
D'un ton hargneux
Chacun d'entr'eux
Nous blâme,
Et puis sur le soir
Ces messieurs vont voir :
Tirez la ficell', ma femme.

Voyez c'conquérant,
C't' Alexandr' le-Grand
Qui voulut dompter l'Asie
Sous ses étendards :
Voyez les fils d'Mars
En prendre à leur fantaisie,
Tout d'ses exploits
Chante à pleine voix
L'programme :
L'peuple, aux abois,
L'premier des rois
L'proclame.

L'bonheur dit adieu ;
Bonsoir au d'mi dieu :
Tirez la ficell', ma femme !

Voyez ce braillard
Qui s'croit un Bayard,
Avec sa brette au derrière,
Raconter cent fois
Ses petits exploits
Ornés d'une couleur guerrière ;
Qu'Mars en fureur,
Au champ d'honneur
Le r'clame ;
Faut-il enfin
Tirer d'l'engin
La lame ?
Brav' comme l'clergé
L'marquis prend congé ;
Tirez la ficell', ma femme.

Voyez ces guerriers
Pauvres de lauriers
Mais riches en perfidie ;
Au sein d'nos pays
Par eux envahis
Porter l'fer et l'incendie ;
Ces nobles preux
Sont valeureux
Dans l'âme ;
Vingt contre deux,
Comm' chacun d'eux
S'enflamme !
Faut il corps à corps
Braver nos efforts ?
Tirez la ficell', ma femme.

oyez ces souv'rains,
Des pauvres humains
S'd'sant les dieux tutélaires;
Ces dieux d'os et d'chair
Font payer bien cher
Leurs faveurs atrabilaires.
D'un sang divin
Votre ombre en vain
S'proclame.
Rois, moins d'orgueil :
Comm'nous, l'cercueil
Vous r'clame.
Princes ici-bas,
Que s'rez vous là-bas ?
Tirez la ficell', ma femme.

Soudain de c'discours
Interrompant l'cours,
Un monsieur, las de c'verbiage
D'après certain' loi,
Vite au nom du roi
Fit fourrer l'bavard en cage :
D'puis c'moment là,
D'peur du holà
Je blâme
Tout indiscret
Montrant l'secret
D'son ame :
Et dorénavant
J'répét'rai souvent :
Tirez la ficell', ma femme.

SAINTE-PÉLAGIE.

Air : Des cinq fleurs.

Les noirs frimas ont fui de ma patrie ;
Les doux zéphirs vont caresser les fleurs
Et la nature, abattue et flétrie,
Reprend enfin ses riantes couleurs.
Nous que l'erreur, la haine et la sotise
Laissent languir dans la captivité.
Patrie, honneur, voilà notre devise ;
    Notre cri c'est : La liberté

En butte aux traits d'une ligue ennemie,
Sachons braver les efforts des méchans :
Pour nous Thémis encore est endormie ;
Mais les destins et les flots sont changeans.
Nos vieux guerriers que sous le joug on brise,
Peut être un jour reprendront leur fierté.
Patrie, honneur, voilà notre devise ;
    Notre cri c'est : La liberté !

J'ai vu jadis les vertus qu'on admire,
De nos cités désertant les remparts,
Porter au loin leur lustre et leur empire,
Et ne briller que sous les étendarts :
Aujourd'hui, grâce aux fureurs de l'Eglise,
Dans les prisons le trône est transporté.
Patrie, honneur, voilà notre devise ;
    Notre cri c'est : La liberté !

Ces prés charmans, cette tendre verdure,
Ces vieux bosquets de rose et de jasmin,
Tous ces trésors, bienfaits de la nature,
Quand donc, hélas ! les verrons-nous enfin ?
Ah ! tôt ou tard, celui qu'on tyrannise
Dompte le sort qui l'a persécuté.
Patrie, honneur, voilà notre devise ;
      Notre cri c'est : La liberté

Aux bords voisins de l'antique Ibérie,
Cette déesse a porté ses autels,
Et c'est de là que sa lueur chérie,
Comme un fanal éclaire les mortels :
L'Erreur en vain veut qu'on la dépayse,
Dans tous les cœurs son empire est jeté ;
Patrie honneur, voilà notre devise :
      Notre cri c'est : La liberté !

Buvons, amis, à son retour en France ;
Buvons au jour qui brisera nos fers ;
Buvons à ceux dont la mâle éloquence
Désillera les yeux de l'univers ;
Que le frélon, l'ultrà qui le méprise,
De notre sein toujours soit rejeté ;
Patrie, honneur, voilà notre devise ;
      Notre cri c'est : La liberté !

JEANNETTE.

Air : Ah! qu't'auras d'plaisir, Marie.

Que dit on, ma brunette ?
Tu r'tourn's à la vertu ;
Ta fortun' n'est pas faite.
Allons donc, y pens's-tu... ?
 Encore un coup d'pied,
  Jeannette,
 Encore un coup d'pied.

Vois-tu ta sœur la Lisette,
Comm'ça vous est cossu :
Et toi tu n'as, pauvrette,
Qu'un cach'mire d'un écu.
 Encore etc.

Plus d'un' vieille grisette,
Au nez tout biscornu,
S'fait traîner en brouette :
Toi, comment marches-tu ?
 Encore, etc.

Pour prom'ner en cachette
Ton grand pompier barbu,
Gagn' donc un' vinaigrette,
Fût-ce avec un bossu.
 Encore, etc.

Ce Thomas qui t'embête
N'est qu'un gros malotru,

Mais il offre un' feuillette
De son p'tit vin du cru.
  Encore, etc.

Ton p'tit cousin trompette
Las d'son turlututu
Voudrait faire une gazette;
Ça dépend d'un ventru.
  Encore, etc.

Il faut une épaulette
A ton grand morfondu :
L'ministre qui brevète
Aime assez c'qu'est fendu.
  Encore, etc.

Puisque parfois ta têt
Accouche à l'impromptu
D'un vaud'ville un peu bête,
Si tu veux qu'il soit r'çu.
  Encore, etc.

Tu chant's la chansonnette
Aussi bien qu'mam' Branchu,
Et si tu veux, fillette,
Entrer à l'Ambigu.
  Encore, etc.

Es-tu lass' d'amourette ?
  Enfin, dis-moi, veux-tu,
Pour dev'nir femm' honnête
Epouser un c... ?
Encore un coup d'pied,
    Jeannette,
  Encore un coup d'pied.

L'AMOUR ET LE VIN.

Air : Savez-vous, mam'selle Suzon.

J'ai tant fait l'amour, jadis
Sur lit, sur table ou sur chaise,
Que presqu'aux abois je vous dis :
Mesdames, ne vous en déplaise,
Aprésent on m'agace en vain :   (bis.)
Bon soir l'amour, bonjour le vin.   (ter.)

J'étais bête au tems passé,
Je courais après les belles,
Mais mon zèle est bien émoussé ;
J'en ai trouvé tant de fidèles
Qu'à présent, etc.

En prenant fille à quinze ans
Je la croyais encore sage ;
Mais son oiseau depuis longtems
Avait déjà quitté sa cage.
A présent, etc.

Que de fois sur un tendron
Portant des mains libertines,
Je crus rencontrer un bouton
Et ne trouvai que des épines.
A présent, etc.

Chez mainte belle aux yeux do ,
   Où je passais la soirée ,
Quand je mangeais la soupe aux choux
El , était p rfois si poivrée .
Qu'a présent , etc.

   Au dessert quand j'arrivais ,
   Moi l'ennemi du vinaigre ,
La salade que je trouvais
Etait si chetie et si maigr
Qu'a présent , etc.

   De tous les minois charmans
   Qui d'amour m'ont rendu blême
De la plus sage en fait d'amans
J'étais déjà le dix-neuvieme.
A présent , etc.

   Adieu donc , objets trompeurs
   Ne frappez plus à ma porte ,
Cherchez d'autres benêts ailleurs
Et que le diable vous emporte
A présent j'ai pour refrain
Bonsoir l'amour , bonjour le vin

LE MARQUIS ELECTEUR.

Air : du roi Dagobert.

Hélas ! c'en est donc fait ?
Grâce à monseigneur le préfet
On nomme député
Un ami de la liberté ;
J'avais cependant
Acheté comptant,
Pour un autre choix,
Jusqu'à trente voix.
Quelle horreur !   (bis.)
Je ne veux plus être électeur.

J'espérais bonnement,
Lorsque dès le commencement
J'aperçus aux débats
Les vassaux de mes marquisats ;
Mais les gueux, ma foi,
Grimpés sur la loi
Gardaient ce laurie
Pour un roturier.
Quelle horreur !
Je ne veux plus être électeur.

À quoi sert un castel
Dans ce siècle où chaque mortel
Peut faire son chemin
Sans noblesse et sans parchemin ?

Le vilain content,
Aujourd'hui prétend
Qu'un homme d'honneur
Vaut un grand seigneur.
    Quelle horreur !
Je ne veux plus être électeur

Que je suis dépité
De ne pas être député
    Moi, marquis et baron,
Qui combattis à Quiberon;
    Les titres poudreux
    De mes bons aïeux
    N'ont rien fait du tout :
    Le peuple s'en f. . t.
        Quelle horreur !
Je ne veux plus être électeur.

Qui me préfère-t-on ?
Un plébéien, un avorton ;
    C'est un homme de rien
Qui lui-même a gagné son bien ;
    Ce nouveau Français,
    Fier de ses succès,
    Prétend que la croix
    Lui donne des droits.
        Quelle horreur !
Je ne veux plus être électeur.

Il faut avoir du front
Pour m'oser faire un tel affront,
    A moi dont les châteaux
Remontent jusqu'aux Ostrogots;
    A moi dont l'enfant,
    Toujours triomphant,

Fut fait oncie
A la Montansier
Quelle horreur
Je ne veux plus être électeur.

Lorsque l'on veut chasser,
Dans les champs on ne peut passer ;
Un juge pour deux choux
M'a fait payer jusqu'à cent sous ;
Enfin mes vassaux,
Qui sont libéraux,
Ne conviennent plus
D'être fait c...
Quelle horreur !
Je ne veux plus être électeur.

'espérais , Marcellus
Avec toi sonnant l'*Angéus*
Conduire au bon vieux tems
Nos pairs et nos représentans ;
Mais le peuple ingrat
Se f..t des ultra
Des processions
Et des missions.
Quelle horreui !   (*bis*)
Je ne veux plus être électeur.

LES INDEMNITÉS.

Air : de la Treille de sincérité

Sur mon âme,
   Et sans épigramme,
A bien des gens, en vérité,
Dieu devrait une indemnité.   (*bis.*)

Des frimas et de la froidure
Oubliant le triste pouvoir,
Du doux réveil de la nature
Nous aimons à garder l'espoir :   (*bis.*)
Sur le printems, chacun spécule,
A la ville et dans les vallons :
Pas du tout, le printems recule
Devant les fougueux aquilons.
      Sur mon âme, etc.

On disait à mons de Villèle :
Le destin, toujours indulgent,
Donne à chacun sa ritournelle :
L'un est sournois et l'autre est franc;
L'un est faible, mais il est traître,
L'autre est bête, il est bon enfant;
Mais à la fois devrait-on être
Pauvre, vilain, bête et méchant?
      Sur mon ame, etc.

Le vieux marquis de Vieille-Chaise
Brandouillant son glaive benin,
Crut jadis être plus à l'aise
Quand il eut dépassé le Rhin;

Il revient : c'est a tort qu'on glos
Sur ses désirs bien innocens .
Il doit réclamer quelque chose :
C'est une dose de bon sens
    Sur mon âme , etc.

Un autre , son parfait contraste ,
Pour défendre alors son pays ,
A trente ans , sans bruit et sans faste ,
Affronté les feux ennemis
Sans se permettre aucuns murmures
Ce vétéran n'a pour tout bien
Que de l'honneur et des blessures
Ah ! quoiqu'il ne demande rien ,
    Sur mon âme , etc.

Le ciel est fou , Dieu me pardonne
Disait un soldat peu poli
Au cadédis que la Garonne
Vomit dans l'hôtel Rivoli ;
Malgré tant de projets sinistres
Dont le peuple fut accablé ,
Sur vos épaules de ministres
Quoi ! la trique n'a pas roulé ?
    Sur mon âme , etc.

Vous qui travaillez ma patrie ,
Trop illustre septemvirat ,
Souffrez que ma voix attendrie
Vous lâche son mot sans éclat ;
Privés de vos riches casaques ,
Pour vous venger , ah ! puissiez-vous
Etre honorés d'autant de claques
Que vous nous volâtes de sous.

    Sur mon âme ,
    Et sans épigramme ,
A bien des gens en vérité ,
Dieu devrait une indemnité.

ADIEUX D'UN PRISONNIER.

Air : du Mont Saint-Jean

Des mains de la Haine endormie
Est tombé son glaive odieux ;
Loin d'une prison ennemie
Un Français va revoir les cieux :
Mais avant de quitter ses chaînes
Ce captif, jouet du destin,
Aux vieux compagnons de ses peines
Disait en leur pressant la main :
De tous mes vœux j'appellerai l'aurore
De ce jour fortuné que votre cœur implore,
Où nous pourrons avec fierte
Libres enfin, boire à la Liberté.

Quand j'irai loin de ces parages,
Chercher de modestes plaisirs
De lilas. les moindres bocages
Eveilleront mes souvenirs :
En songeant que dans votre asile
Baigné de l'onde des douleurs,
Au lilas, la terre infertile
Comme à vous refuse des fleurs (1,
    De tous mes vœux, etc

Lorsqu'au sein de la capitale
Excitant mes justes regrets

(1) Allusion à deux lilas ayant appartenu à Béranger
et morts sans refleurir dans le jardin de Sainte
Pélagie.

Tous .es monumens qu'elle étale,
Me retraceront nos hauts faits
En rappelant à ma memoire
Que des vainqueurs de l'univers;
Des vieux enfans de la Victoire
Ici gémissent dans les fers (1).
　　　De tous mes vœux etc.

Quand dans mes tristes rêveries
J'irai non loin de mes foyers
Pleurer sur les tombes chéries
Que recouvrent tant de lauriers,
De Lallement la froide cendre
Semblera me dire ces mots :
Les pleurs que ma mort fait repandre
Conduisent au fond des cachots (2).
　　　De tous mes vœux . etc.

Lorsque je lirai ces ouvrages
Que Minerve seule a dictes,
Quand je puiserai dans leurs pages
Du courage et des vérites,
En pensant que ceux dont la France
Admira les talens hardis
Au gré d'une aveugle vengeance
Sous les verroux sont engloutis (3).
　　　De tous mes vœux etc.

(1) Les colonels Mazian . Sausset , etc : les adjudan
Loritz . Robert . Gaillard , etc.

(2) MM. Pillet et... condamnés à trois mois pour
une brochure intitulée , RELATION DES ÉVÉNEMENS QUI
SE SONT PASSÉS A L'ANNIVERSAIRE DE LA MORT DU JEUNE
LALLEMENT.

(3) Jouy , Jay, Kœchlin , Beranger. Prade . Bonnin
Duménil , Magalon , Mongdave , Barginet , etc. , etc

Surtout ne perdez pas courage
Amis, rappellez-vous toujours
Que souvent c'est après l'orage
Qu'on voit briller les plus beaux jours.
Heureux, si mes chants d'espérance,
Reportés par les aquilons
Vont adoucir votre souffra *ce*,
Car partout mes chers compagnons

De tous mes vœux j'appellerai l'*aurore*
De ce jour fortuné que votre cœur implor*e*
    Où nous pourrons avec fierté
    Libres enfin boire à la Liberté !

LA COCARDE TRIC......

Air du prince Eugène.

BOURBONS qui régnez sur la France
Grâce au secours de vingt peuples divers,
    Eh quoi ! malgré notre souffrance,
Au lieu de lois vous nous donnez des fers
De ces guerriers dont la France s'honore,
Puisque par vous les droits sont oubliés,
    Votre cocarde je la foule aux pieds,
    Et je reprends la tric......

    Salut, ô ma vieille cocarde,
    Chère aux guerriers d'Ulm et de Friedland !
    Sur le front de la vieille Garde
Quand donc enfin reprendras-tu ton rang ?

Sous cette blanche, hélas! qu'on porte encore,
Le moindre prince est au dessus de nous :
       L'Europe entière était à nos genoux
       Quand nous portions la tric.....

       Sous le poignard et sous la hache,
       En mille lieux témoins de leurs forfaits,
       Des assassins au blanc panache
Ont fait cent fois couler le sang français ;
S'il est tombé du couchant à l'aurore
Tant de guerriers par nos glaives soumis,
C'était du moins le sang de l'ennemi
Qu'on versait sous la tric.....

       Quand protégé par ses cohortes,
       L.... parut pour la seconde fois,
       Nous voulions, en ouvrant nos portes,
Qu'il conservât l'emblême de nos droits ;
S'il rejeta ce signe qu'il abhorre,
Peuple français, n'en sois pas mécontent :
Il a bien fait ; il eût, en l'adoptant,
       Déshonoré la tric.....

       Tôt ou tard le peuple triomphe,
Et nous verrons, malgré l'orgueil des rois
       Rentrer sous des arcs de triomphe
Et nos guerriers et nos antiques droits ;
Sur les débris du drapeau qu'on abhorre
Nous planterons l'arbre de liberté,
       Et relevant nos fronts avec fierté
       Nous reprendrons la tric.....

LE CONVOI DE MANUEL.

LETTRE DU MINISTRE

AU VICOMTE FOUCAULT.

Air de la vallée de Barcelonnette.

Écoute, Foucault, mon ami,
　Ecoute ma prière ;
Ton empoigné s'est endormi
　L'ame tranquille et fière　(bis);
Ne fais pas la chose à demi,
Vas encore empoigner sa bière.
　　Aux armes,
　　　Foucault,
　　Il nous faut
　Des torrens de gendarmes.

Tu sais bien que nos jeunes gens,
　D'une espèce de culte
Honorent les indépendans
　Qu'à Mont-Rouge on insulte ;
Mais de peur qu'amis et parens
L'escortent sans aucun tumulte,
　　Aux armes,
　　　Foucault,
　　Il nous faut
Des torrens de gendarmes.

Ouvre les yeux, et tu verras,
  Étrange forfaiture,
Des milliers de ces scélérats
  Empoigner la voiture :
Vite en avant, n'entends-tu pas
Le nigaud Franchet qui murmure
    Aux armes
     Foucault ;
    Il nous faut
Des torrens de gendarmes.

Si les Français sont trop prudens,
  Instruis bien tes sicaires ;
Dis-leur d'être plus insolens
  Qu'ils ne l'étaient naguères ;
Dis-leur qu'il faut, il en est tems,
Rougir les jaunes bandoulières.
    Aux armes
     Foucault :
    Il nous faut
Des torrens de gendarmes.

Sans égard pour la France en deuil,
  Donne l'ordre à tes crânes
D'arracher le char du cercueil
  A ces mortels profanes :
Afin d'abaisser leur orgueil
Attèle au char plutôt des ânes.
    Aux armes ,
     Foucault :
    Il nous faut
Des torrens de gendarmes.

Gardons nous bien d'être indulgens,
  De crainte de déboire :

Que toujours les honnêtes gens
  Soient notre bête noire :
Que les jésuites, nos régens,
De tout voir sabrer aient la gloire
    Aux armes,
      Foucault;
    Il nous faut
  Des torrens de   ndarmes.

Ainsi donc, mon ami Foucault,
  Du nerf et de l'audace :
Bien plus qu'à La Rochefoucault
  Il faut être tenace :
Et si le Français parle haut,
Que son sang rougisse la place.
    Aux armes
      Foucault;
    Il nous faut
  Des torrens de gendarmes.

LA FÊTE A L'OURS MARTIN.

Air : Du carnaval de Béranger.

Un vieux renard connu par son audace,
Un certain jour dans un jardin royal
En s'entourant de la gent bestiasse
Lui débita ce discours bien ou mal :
Vous dont les cris sont du pain et des fêtes,
Il faut ici déployer votre instinct ;
Allons, morbleu, sautez b..gres de bêtes :
C'est aujourd'hui la fête à l'ours Martin.

Toi dont l'esprit plus que le ventre est mince,
Gros marcassin, troubadour du Pont-Neuf,
Pour le lion, qui jadis fut ton prince.
Il m'en souvient, tu beuglais comme un bœuf
Rhabille-nous quelques vieilles sornettes,
Tu fourreras ton grouin au festin ;
Change surtout, change les épithètes :
C'est aujourd'hui la fête à l'ours Martin.

Ne parle pas de sa valeur guerrière,
Car bien souvent ce roi des plus parfaits
Lécha la patte au tigre d'Angleterre,
Qui lui croqua la fleur de ses sujets ;
Dans son taudis, où la frayeur l'enferme
Il tremblerait à l'aspect d'un lapin :
Mais c'est égal, brâillez, et brâillez ferme :
C'est aujourd'hui la fête à l'ours Martin.

S nommez-le le Désiré, le Jésus,
  Qui plus que lui mérita jamais
A son dîner ce souverain auguste
Ne mange plus que trois de ses sujets :
Ce n'est pas trop pour un roi de sa taille,
Qui de Jésus s'est fait le sacristain ;
Mais c'est égal, prosternez-vous, canaille :
C'est aujourd'hui la fête à l'ours Martin.

Ne saurait-on qu'un malheureux cantique
De le brâiller, morbleu, voilà l'instant :
Songez-y bien, sous peine de la trique
Sa majesté veut qu'on ait l'air content.
Et puis demain en muselant vos têtes
On doublera la dose du gourdin ;
Mais c'est égal, sautez b. . gres de bêtes :
C'est aujourd'hui la fête à l'ours Martin.

LA MALADIE DES MINISTRES.

Air : De la petite bergère.

Une contagion cruelle
Éclate au palais Rivoli ;
On prétend purger de Villèle
Et Corbière bouquine au lit :
Freyssinous est au lait d'ânesse :
Les jésuites sont sur le dos :
Nos maréchaux vont à confesse,
Et Chabrol va prendre les eaux.

Loin que la France s'en émeuve,
Dans ce ministère estropié

Elle croit trouver une preuve
Que le ciel la prend en pitié :
Nos ministres sont si maussades
Qu'enfin pour ne déguiser rien,
Ce n'est que lorsqu'ils sont malades
Que le peuple se porte bien.

On a mis monsieur de Tonnerre
A des clistères anodins :
Delavau prend la fumeterre,
Monsieur de Ravez est aux bains ;
La France d'une voix légère
Leur dit, souriant de leurs maux
Ce qui doit le plus vous déplaire
C'est de nous laisser en repos.

Une charte, espoir de la France
Rassurait le peuple craintif
Et vous conçûtes l'espérance
D'y porter des coups de canif :
Mais malgré les secours du centre
Perdez l'espoir de la tronquer :
Lorsqu'on n'a soigné que le ventre
La tête finit par manquer.

Ministère, toi qui te piques
Au piquet de nous *battre un quart*
Le peuple gardera les piques,
Si tu mets les cœurs à l'écart :
En vain tu prends pour ta demeure
De riches et vastes palais,
Apprends que la quinte-majeure
Passe avant les quatre valets.

« En vain pour dévaster la Grèce,
« Tu donnes au sombre Ibrahim

« L'or que tu reçus à Lutèce
« Des mains d'un enfant d'Ephraïm,
« Si bientôt enfin tu succombe,
« Tu passeras peu regretté,
« Et n'abreuveras pas ta tombe
« Des larmes de la liberté. »

On se désole au ministère ;
Peyronnet est presque poussif ;
Franchet, contre son ordinaire,
Prend chaque soir un lénitif ;
Villèle est à la limonade,
Les ministres et les ultra,
Tout est au lit, tout est malade
Et la charte nous restera...

Amen.....!

LA GIRAFE.

Air : Elle aime à rire, etc.

Quoi, sire, contre la girafe
Vous prenez aussi de l'émoi ?
A son bannissement pourquoi
Apposez-vous votre paraphe ?
Suspendez votre grand courroux
A quoi bon vous monter la tête,
Moins que vous encore elle est bête   *(bis)*
Pourquoi donc vous montrer jaloux ?

Au peuple expirant de souffrance,
Dit-elle, en singeant vos vertus,

Ce n'est qu'une bête de plus
Qui se faufile dans la France ;
Et quand même elle eût devant nous
Tenu ce propos malhonnête,
Moins que vous encore elle est bête,
Pourquoi donc vous montrer jaloux ?

Sans que la France s'en émeuve
Pour doter des épiscopats
Arrache-t-elle à nos soldats
Jusques aux deniers de la veuve ?
Non ; pour nous chiper nos gros sous
Sa patte n'est pas toujours prête :
Moins que vous encore elle est bête,
Pourquoi donc vous montrer jaloux ?

A-t-elle à nos héros du centre,
Animaux voraces et bas,
Afin d'étouffer nos débats,
Vingt fois par mois bourré le ventre ?
Laisse-t-elle à ses marabous
Bassement museler sa tête ?
Moins que vous encore elle est bête,
Pourquoi donc vous montrer jaloux ?

Veut-elle ramener en France
Le bon tems du roi Dagobert ?
Va t-elle au camp de Saint-Omer
Nous voler notre indépendance ?
De nous voir mettre des licoux
Son cœur se fait-il une fête ?
Moins que vous encore elle est bête,
Pourquoi donc vous montrer jaloux ?

Foulant aux pieds la tolérance,
Veut-elle en sortant du cercueil

Que des prêtres avec orgueil...
Reforgent des fers à la France?
Des plus ignobles sapajous
A-t-elle encombré sa retraite ?
Moins que vous encore elle est bête
Pourquoi donc vous montrer jaloux

Ne rêvant que calotte et chasse,
Se bourrant de processions ,
Va-t-elle aux saintes missions
En dandinant montrer sa face ?
Va-t-elle aux pieds de nos hibou
Pleurnicher les grands jours de fête ?
Moins que vous encore elle est bête ,
Pourquoi donc vous montrer jaloux?

Enfin si par quelque bêtise ,
Se trahit sa vivacité
Voyez-vous sa méchanceté
S'unir chez elle à la sottise?
Et quand même , ainsi que chez vous
Son esprit serait en goguette ,
Ce serait une bonne bête ,
Pourquoi donc vous montrer jaloux?

LES OSAGES.

AIR :

QUELS sauvages   (*bis*)
Que ces messieurs les Osages !
    Quels sauvages !
        Ça
N'entend ni hu ni dia.

Celui d'entendre ces gaillards,
Qui tranche du despotisme
N'a point par le cagotisme
Remplacé les goûts paillards
Voulût-il des lois écrites,
Faisant un vrai cassecou.
Que des troupeaux de jésuites
Se pendissent à son cou,
    Quels sauvages, etc.

De ces Socrate en jupon
A tel point va l'arrogance,
Qu'à leurs yeux toute la France
N'est que dupes ou fripons.
C'est en vain qu'ils se redressent
Dans leurs habits chamarrés,
Nos visirs ne leurs paraissent
Que des laquais bien dorés.
    Quels sauvages, etc.

Croirait-on que ces intrus
Dans leur naïve jactance,

Méconnaissent l'importance
De nos bons grippes-jésus?
Exempts de trouble et d'alarme
Ces coquins-là sans façon,
Vous décoîffent un gendarme,
Sans lui demander pardon.
    Quels sauvages, etc.

Au milieu de ses bouquins,
Lorsqu'ils ont vu de Corbière,
Ils ont pour fuir sa poussière
Trotté comme des lapins.
On fait si bien à la grappe
Mordre ce peuple innocent
Qu'il a pris pour une attrape
L'honorable trois pour cent.
    Quels sauvages, etc.

Ils ont pris Monsieur F.....
Pour un sombre janissaire;
Ils ont pris un commissaire
Pour un lâche et plat valet.
Pour un sceau de contrebande
Ils ont pris mons Peyronnet,
Et F...... et sa bande
Pour des piliers de gibet.
    Quels sauvages, etc.

Enfin las de voir les rois
Par la main de leurs ministres
Couvrir de haillons sinistres
Et notre France et ses droits
Ils ont pris pour passer outre,
Dans leur jugement fougueux
V...... pour un J...fo....
Et Ch..... pour un pl...g.....

Quels sauvages ,
Que ces messieurs les Osages !
Quels sauvages !
Ça
N'entend ni hu ni dia.

LE CURE DE SAINT-PIERRE.

Air de la Madeleine.

Vous qui décriez le saint-siège ,
Apôtre de la liberté ,
Brisez d'une main sacrilége
L'étendart de la chrétienneté ;
Suivez les traces de Voltaire ,
Que les païens osent déifier :
Moi je prétends, pour vous édifier.
Chanter le curé de Saint-Pierre.

Parfois d'une flamme illicite
'Satan ose le pénétrer.
Mais quelques gouttes d'eau bénite
En lui-même le font rentrer ;
Après ces accès de colère
Encor pourpré des plus riches couleurs ,
Le repentir lui fait verser des pleurs
Honneur au curé de Saint-Pierre.

L'orgueil quelquefois le transporte :
Dans un temple l'a-t-on admis ?
grat toujours laisse à la porte

Ses deux plus fidèles amis :
Mais voyant sa calotte altière
Se déplacer souvent en leur honneur
Toutes les femmes pour leur directeur
    Ont pris le curé de Saint-Pierre.

    Veut-il dans chrétienne rebelle
    Faire entrer... la componction ?
    Jusqu'au fond du cœur de la belle
    Il pousse la conviction :
    Alors elle quitte la terre ,
Son œil mourant voit le bonheur des dieux :
Ah ! pour donner un avant goût des cieux
    Vive le curé de Saint-Pierre.

    Pleurons sur la faiblesse humaine ;
    Le saint , oubliant la raison .
    Des erreurs d'une Américaine
    Partage le fatal poison :
    Bientôt pour comble de misère
Nous avons vu le fer ouvrir son sein ,
Et sous les coups d'un collége assassin
    Tomber le curé de Saint-Pierre.

    Pleurant sur ces froides reliques ,
    Cent beautés maudissent les dieux
    Et de leurs chants mélancoliques
    Le bruit s'éleva jusqu'aux cieux :
    Et Dieu pour rendre moins amère
Cette douleur qui déchirait leurs seins
Entre les vierges et le plus beau des saints
    Plaça le curé de Saint-Pierre !

LISA.

Air du passe-partout.

Ma pauvre enfant, aux discours de ton père,
Prête l'oreille encor quelques instans ;
Tu vas bientôt m'planter là comm' ta mère,
Puisque tu vas atteindre tes quinze ans·
Des gringalets déjà l'essaim s'prépare
A te pousser quelque botte en secret ;
Pour conserver c'te fleur qui d'vient si rare,
Ma Lisa (*bis*), tiens bien ton bonnet. (*bis.*)

Tu trouveras quelquefois sur ta route
Un vaunupied bien long et bien carré,
Qui pouss' toujours sans que rien le déroute
Jusqu'à c'qu'au centre sa main a pénétré :
Il est si gros, et toi t'es si mignonne,
Qu'son p'tit doigt seul, j'en suis sûr, t'effrairait,
Tout ce qu'il touch' s'élargit, se chiffonne ;
Ma Lisa (*bis*) tiens bien ton bonnet.

Il en est un de plus mince encolure,
Petit, mais fort et bien ferme des reins,
Qui, quoiqu'il n'ait ni talens ni figure,
Sur c'qui lui plait aime à fourrer ses mains ;
P'tit comme il est, c'est raide comme un cierge ;
Dans l'plus p'tit trou ça s'glisse comme un furet,
Et près de lui, si tu veux rester vierge,
Ma Lisa (*bis*), tiens bien ton bonnet.

J'en vois quequ'uns qu'ont les man'ères gentilles,
Qu'ont d'la jeunesse et d'la vivacité :
Ces garçons-là, ça tourn' la tête aux filles,
Mais presque tous ils ont le cœur gâté :
Sur leurs discours, crois-moi, tir' la ficelle
Dans c'siècle-ci plus d'un mauvais sujet
'Change en gratte c.. la rose la plus belle :
Ma Lisa (*bis*), tiens bien ton bonnet.

Ce grenadier de notre vieille garde
Qui te poursuit de son œil plein de feu,
Est un malin, et si tu n'y prends garde
Il pourra bien t'effeuiller un p'tit peu ;
Ce gaillard-là me paraît fort ingambe,
Et si tu l'laiss' te m'ner au cabaret,
Il te donn'ra quequ'jour un croc en jambe :
Ma Lisa (*bis*), tiens bien ton bonnet.

Ce p'tit auteur qui pinc' la chansonnette,
Voudrait aussi te faire les beaux bras :
Tout en chantant ta blanche collerette,
J'lai vu porter sa main un peu plus bas ;
De l'écouter ne fais pas la bêtise,
Prendr' ça sur toi, vois-tu, ça t'maigrirait·
Ces auteurs là, c'est gueux comme rat d'église :
Ma Lisa *bis*, tiens bien ton bonnet.

Choisis un vieux qu'ait d'la vaissell' ae poche :
Tu vas r'clamer pour ton tempérament :
Mais vois-tu bien, sans trop fair' de bamboche
On peut en sus avoir un autre amant ;
Si c't'amant-là fait danser la mitraille,
Tâch' d'amasser quelques sous en secret,
Et si tu veux n'pas mourir sur la paille,
Ma Lisa *bis* tiens bien ton bonnet. (*bis*

LA BELLE MAIN

Air : J'vous prêterai mon manchon.

C'est le fils au papa Gingembre
Qu'est un gaillard des plus adroits ;
Depuis janvier jusqu'en décembre
Y fait bon usage d'ses doigts ;
Matin et soir pour vous rendre service
Sa p'tit' plume est toujours en exercice !

Aussi comme il vous fait tricoter ça , et ses doigts
donc , c'est eux qu'il faut voir : quelle adresse ! quelle
vivacité ! rien que de les voir brandouiller , ça vous
cause un plaisir ! une jouissance !

Il vous fait ceci , et puis ceci , et puis cela ;
　　Dieu ! quell' bell' main il a
　　　　Ce p'tit gueux là ,
　　Dieu ! quell' bell' main il a !

Ma filleule , la p'tite Hortense ,
Ayant à s'plaindre d'son Lucas ,
Voulut en manière d'vengeance
D'mander un bout d'lettre à Thomas ,
Afin d'savoir c'qui d'Lucas la détourne :
Dans tous les sens il la tourne et retourne.

Elle ne voulait pas lui dire que son mari l'avait lais-
sée jeûner tout-à-fait pendant huit grands jours ; mais

qu'est malin, il se douta de quéqu' chos' comm'
ça, et quand il eut mis la main sur l'objet dont il
était question, il arrangea si bien les affaires, que
Jepuis ce temps-là la p'tite Hortense ne s'plaint plus
Ju tout, attendu que...

Il lui fit ceci, etc...

La fille à la mèr' Dubocage
Deux jours avant son union
Vint, r'lativ'ment au mariage,
Lui d'mander une instruction;
Tout ausssitôt v'là sa verv' qui s'allume
Et sous ses doigts dès qu'il sentit la plume....

Il se donnait un mouvement désordonné pour lui
faire connaître une infinité de choses qu'il fallait ab
solument qu'elle connût; car enfin on est bien aise
de savoir ce que c'est que le mariage avant que d'en
tâter, et cette petite espiègle de Lise voulait en savoir
si long, mais si long, ah!...

Il lui fit ceci, etc.

Enfin jusqu'à ma tant' Victoire
Qui voulut tâter d'son talent;
Elle' lui fit connaîtr' son histoire,
Il s'en chargea pour de l'argent;
Il sut trouver l'moyen d'là satisfaire
En un clin d'œil il remplit son affaire,

Aussi comme elle était contente, cette chèr' femme
elle qui depuis dix ans traînait son objet de porte en
porte, sans trouver un voisin dans le cas de lui ren
dre ce p'tit service-là.... et bien! ce p'tit vaurien de
Thomas, je ne sais comment il s'y prit, mais il lui
fit un plaisir, un plaisir, que c'te pauvr' bonne femme
n'en pouvait plus parler quoi...!

Il lui fit ceci, etc.

S'ennuyant de n'être que servante,
Jean'ton, pour calmer son ennui,
Voulut qu'il la rendît savante,
Et d'puis qu'elle a passé sous lui
Ell' jou' des doigts avec une telle adresse,
Qu'elle est à même d'instruir' tout' notre jeunesse.

Comme cette pauvre Jeanneton a les yeux dépareillés et la taille un peu de travers, c'était à qui la regarderait ; mais depuis que l'on sait qu'elle est à même d'apprendre aux garçons à trousser un compliment aux jeunes filles, c'est à qui se portera dessus ; cela ne m'étonne pas, car ce polisson de Thomas en a montré si gros, mais si gros...

Il lui fit ceci, etc.

Un jour un' certaine duchesse
Ayant visité nos endroits,
Le petit vaurien eut l'adresse
De lui prouver l'talent d's's doigts :
Ayant finement par un brin d'contrebande,
Trouvé l'moyen d'lui mettre en main sa d'mande...

Il lui conte en douceur une infinité de choses tellement palpables et touchantes, que cette pauvre duchesse, qui se trouvait toute je ne sais comment n'eut plus la force de lui rien refuser, et que pour être à même de l'avoir sous la main quand elle en aurait besoin, elle décida qu'à l'avenir ce serait lui qui aurait l'honneur de la monter en voiture ; danse c'est que je suis bien sûr aussi que...

Il lui fit ceci, etc !

Le v'là lancé dans le grand monde
Et je suis sûr qu'il ira loin,

Car la brun' ainsi que la blonde
De ses talens auront besoin :
C'est immanquable avec tant de science
Pucell's , femm's veuv's tout est d'sa compétence .

Toutes ces petites filles que leurs parens n'veulen!
pas marier, et qui prennent sur elles d'avoir un
amant : toutes ces pauvres veuves qui éprouvent un
vide de cœur depuis que leurs hommes ne sont plus ;
toutes ces belles dames qui sont forcées de jeûner
parce que leurs époux sont en voyage ; sans compter
celles qui sont forcées de ses brosser le ventre parce
que leurs maris porteurs en ville , tout cela a ses affaires, et par conséquent ses besoins ; et lui , ce coquin de Thomas je né sais pas comment il fait son
compte, mais il est toujours prêt, toujours prêt.

Il leur fait ceci , et puis ceci . et puis cela ;
    Dieu ! quell' bell' main il a
        Ce p'tit gueux là !
    Dieu ! quell' bell' main il a !

LE COUSIN JACQUES.

Air : De l'incognito.

Je veux ici du petit cousin Jacques
Vous retracer le portrait trait pour trait :
Il vint au monde en un beau jour de Pâques
Le nez au vent et la jambe en arrêt ;
Dès qu'il passa par un certain ovale,
A l'instant même à sa mère on cria :
Soyez tranquille ; allez, c'est bien un mâle :
    Dieu ! quelle tête il a !

Quand de latin pour se bourrer la tête,
D'un magister il vint garnir les bancs,
Le petit Jacques à plus d'une fillette,
Sans se gêner poussait des argumens ;
Mais voyez donc, disait son matamore,
Malgré les coups de ce martinet-là,
Le petit gueux, il se raidit encore :
    Dieu ! quelle tête il a !

A quatorze ans, de la gentille Adèle,
Le p'tit coquin chiffonna le mouchoir,
Et sans façon sur l'herbette nouvelle
Il lui montra son petit savoir,
Ah jarni Dieu ! s'écria la d'moiselle,
Après avoir connu ce vaurien-là,
L'diable m'emporte si j'pass' pour une pucelle :
    Dieu ! quelle tête il a !

Pour enfoncer dáns les cœurs sa doctrine
Il se donnait un si fort mouvement,
Que chaque époux d'une aimable cousine ,
La premièr' nuit disait en murmurant :
Mes raisonn'mens sont trop courts pour madame
Et je conçois le pourquoi de cela ;
Ce chien de Jacques a fréquenté ma femme :
     Dieu ! quelle tête il a !

De son village oubliant la simplesse .
Le p'tit coquin vint s'fair voir à la cour :
Et la marquis', la baronne , la comtesse ,
Entre ses bras répétaient chaque jour :
De la nobless' quoique l'esprit soit large ,
Les argumens de ce petit gueux-là
Dans notre esprit ne laissent pas de marge :
     Dieu ! quelle tête il a !

Mais le plus fort, c'est qu'une pauvre veuve ,
Veuve , dit-on , de tout un régiment ,
De son talent voulant faire une épreuve
Sur un fauteuil disait en tremblotant :
J'en ai tant vu de mainte et mainte espèce ,
Qu'j'n'sens plus rien , mais avec ce gaillard-là
J'éprouve encor un certain je n'sais qu'est-ce :
     Dieu ! quelle tête il a !

C'EST DU NANAN.

AIR : Ça va bon train.

Ma fille, avant d'céder ta rose
Retiens bien ce précepte-là :
Les devoirs que l'on nous impose,
  N'parlons pas d'ça.   (bis.)
Pourtant il faut qu'on se soumette
Aux lois d'un monde impertinent :
Mais l'plaisir qu'on goûte en cachette,
  C'est du nanan !   (4 fois.)

En amour si tu vas trop vite
Rappelle-toi qu'il t'en cuira :
Un bonheur qui finit tout d'suite,
  N'parlons pas d'ça ;
Fi des jouissances ordinaires
Dont on se sert bon an mal an ;
Mais les gentils préliminaires,
  C'est du nanan !

Si plus d'un gringalet t'lutine,
Crois-en ta mèr' qui l'éprouva,
Prendre un amant de maigre échine,
  N'parlons pas d'ça ;
Pinc' moi plutôt un d'ces grands drôles
Qui crèvent de tempérament,
Larges des reins et des épaules,
  C'est du nanan !

Peut-être, échauffé de Bourgogne,
Ton amant te maltraitera,
Car parfois un amant nous cogne,
    N'parlons pas d'ça ;
Se voir battre à propos de botte,
J'conviens qu'ça n'est pas amusant,
Mais aussi quand y vous r'mijotte,
    C'est du nanan !

A des pouilleux si tu t'accroches.
Ma fille, il t'en repentira,
Car l'amour sans vaissell' de poche
    N'parlons pas d'ça ;
Parlons plutôt d'ces vieux bobosses
Qui sans façon vous font présent
D'une guimbarde et de deux rosses
    C'est du nanan !

Un rimailleur qui vous dorlotte
De vers, de roman, d'opéra
Vous fait barbotter dans la crotte,
    N'parlons pas d'ça :
Arrang' toi plutôt, vaill' que vaille,
Avec un ân' cousu d'argent,
Car les pièces blanch's et la mitraille
    C'est du nanan !

Dis aux escroqueurs de Cythère
Qui n'offriraient rien pour cela
En donnant du balai, ma chère
    N'parlons pas d'ça ;
Mais avec ceux que la victoire
A trahis... fais-le gratuitement ;
Rendr' service aux fils de la gicire
    C'est du nanan !

N'te marie, an.. de paraître sage,
Que lorsque la vieillesse viendra,
Car s'enchaîner dans son jeune âge. .
    N'parlons pas d'ça.
Mais quand tu s'ras dans ton ménage'
Faut pas pour ça t'priver d'amant
Car les acrocs faits au mariage
    C'est du nanan!

TABLE

FIN